Zhongguo Wenhua
Zhishi Duben

中国文化知识读本

主编 金开诚

编著 于元

周 庄

吉林出版集团有限责任公司

吉林文史出版社

图书在版编目（CIP）数据

周庄 / 于元编著 .—长春：吉林出版集团有限责任公司：吉林文史出版社，2009.12（2022.1 重印）
（中国文化知识读本）
ISBN 978-7-5463-1932-2

Ⅰ.①周… Ⅱ.①于… Ⅲ.①乡镇－概况－昆山市 Ⅳ.① K295.55

中国版本图书馆 CIP 数据核字（2009）第 236906 号

周庄

ZHOU ZHUANG

主编/ 金开诚　编著/于元

责任编辑/曹恒　崔博华　责任校对/刘姝君

装帧设计/曹恒　摄影/金诚　图片整理/王贝尔

出版发行/吉林文史出版社　吉林出版集团有限责任公司

地址/长春市人民大街4646号　邮编/130021

电话/0431-86037503　传真/0431-86037589

印刷/三河市金兆印刷装订有限公司

版次/2009 年 12 月第 1 版　2022 年 1 月第 3 次印刷

开本/650mm×960mm　1/16

印张/8　字数/30千

书号/ ISBN 978-7-5463-1932-2

定价/34.80元

关于《中国文化知识读本》

　　文化是一种社会现象，是人类物质文明和精神文明有机融合的产物；同时又是一种历史现象，是社会的历史沉积。当今世界，随着经济全球化进程的加快，人们也越来越重视本民族的文化。我们只有加强对本民族文化的继承和创新，才能更好地弘扬民族精神，增强民族凝聚力。历史经验告诉我们，任何一个民族要想屹立于世界民族之林，必须具有自尊、自信、自强的民族意识。文化是维系一个民族生存和发展的强大动力。一个民族的存在依赖文化，文化的解体就是一个民族的消亡。

　　随着我国综合国力的日益强大，广大民众对重塑民族自尊心和自豪感的愿望日益迫切。作为民族大家庭中的一员，将源远流长、博大精深的中国文化继承并传播给广大群众，特别是青年一代，是我们出版人义不容辞的责任。

　　《中国文化知识读本》是由吉林出版集团有限责任公司和吉林文史出版社组织国内知名专家学者编写的一套旨在传播中华五千年优秀传统文化，提高全民文化修养的大型知识读本。该书在深入挖掘和整理中华优秀传统文化成果的同时，结合社会发展，注入了时代精神。书中优美生动的文字、简明通俗的语言、图文并茂的形式，把中国文化中的物态文化、制度文化、行为文化、精神文化等知识要点全面展示给读者。点点滴滴的文化知识仿佛颗颗繁星，组成了灿烂辉煌的中国文化的天穹。

　　希望本书能为弘扬中华五千年优秀传统文化、增强各民族团结、构建社会主义和谐社会尽一份绵薄之力，也坚信我们的中华民族一定能够早日实现伟大复兴！

目录

一 谈古说今话周庄

周庄地处太湖流域，旧名贞丰里，历史悠久。远在几千年前，这里就有人居住了。

在周庄北郊太师淀中发掘出土的良渚文化遗物证明了这一点。

良渚文化是我国长江下游太湖流域一支重要的古文明，属铜石并用文化，因发现于浙江余杭良渚镇而得名。经半个多世纪的考古调查和发掘，初步查明遗址分布于太湖地区，距今约5250—4150年。

良渚文化陶器以黑陶为特色，制作精美，有的甚至还涂着漆。良渚文化时期最先进的陶器制作方式是轮制，以鼎、豆、盘、双鼻壶、带流壶、带流杯、尊、簋为典型器。

良渚文化的陶器

水乡周庄一景

玉器非常发达，种类有珠、管、璧、璜、琮等。

太师淀在周庄镇北1公里处，方圆7000亩，烟波浩渺，湖水清澄。

1977年春天，人们在实施围垦工程时，在湖东北角发现了三处新石器时代遗址，出土了一批遗物，包括石斧、石刀、石钺、石镞等石器，陶鼎、黑皮陶罐、镂孔陶豆等陶器，以及木井圈、动物骨骼等。此外，还有汉代釉陶残件，六朝早期瓷片，宋代汲水罐、井砖、影青瓷片和铜钱等。

木井圈是先民定居的实物资料，均用弧形木板围合而成。弧形木板是整块的，两边有方形小孔，通过小孔将其扎成圆形

风景如画的周庄

木圈。

太师淀出土的禽纹黑陶贯耳壶是陶器珍品，被定为国宝。

经鉴定，太师淀遗址属于良渚文化，距今4000—5000年，处于文明时代的前夕，人类社会正由渔猎向农耕转变。

这三处遗址说明宋代以前太师淀一直是人们世代聚居的村落，后来由于湖水冲刷，文化层逐渐卷入水中，得以保存至今。

太师淀原为陆地，是南宋大奸臣贾似道的田庄，后来被水淹没，形成湖泊。因贾似道官至太师，因此这片湖泊称"太师淀"。

周庄地处苏州东南，苏州是春秋时期吴国的都城。吴王曾将少子摇封在周庄，因此周庄古时曾称"摇城"。

一般而言，人们都最疼爱小儿子，这是人之常情。吴王也不例外，因此将其少子封在距都城仅几十里之遥的周庄。

吴王始封君是周文王的伯父，文王姓姬，因此吴王也姓姬。按现在的习惯，吴王少子摇应称姬摇。

北宋时，有个姓周的人，名字没有

传下来。因其官封迪功郎，所以人们称他"周迪功郎"。周迪功郎为人豪爽，乐善好施，曾在贞丰里一带设庄，召人垦荒，遂使周庄成为一个大村落。

宋哲宗元祐元年(1086年)，贞丰里逢天灾肆虐，粮食歉收。为了祈求风调雨顺、五谷丰登，周迪功郎与妻子章氏舍出宅子建了一座全福讲寺，并将庄田200亩赠作寺田。百姓感其恩德，为了纪念他，将贞丰里称为"周庄"。

宋徽宗宣和七年（1125年），金兵进攻北宋。宋徽宗退位，长子赵桓即位，史称宋钦宗，年号靖康。靖康元年（1126年）正月，

周庄古朴的青石路别有一番情趣

谈古说今话周庄

宋钦宗同意割让太原、中山、河间三镇给金人，后来又反悔了。靖康元年十二月，十几万金兵攻至汴京，宋钦宗向金国投降，北宋灭亡了。

靖康二年（1127年），宋钦宗、宋徽宗及后妃、皇子、公主等三千多人被俘，另俘皇室少女、妇女、宫女、官女、民女等共一万五千多人，押到金国。男人被罚为奴，女子除被将帅收为妻妾外，都被分到洗衣局做了浣女。

北宋灭亡时，中原百姓不甘心为奴为妓，纷纷逃往江南。

靖康二年（1127年），金二十相公随

周庄如诗如画的景观

周庄富有特色的民居建筑

宋高宗南渡后，定居周庄。从此，周庄人烟日益稠密，渐成一个大镇了。

元朝末年，周庄经济出现了繁荣景象，形成了南北市河两岸以富安桥为中心的商业大镇，周庄百姓也富了起来。这一切都与大富豪沈万三有关。

原来，吴兴（今浙江省湖州市）南浔镇沈家漾有个叫沈祐的人，一家数口人本来过得好好的，不料突然遭到水灾，妻子染上瘟疫，不幸死去。沈祐为了逃难，用一条渔船载着四个儿子，连夜逃到苏州周庄镇。不久，老大和老二夭折，只留下老三沈富和老四沈贵。沈富就是沈万三。

沈家在周庄耕种的是一片低洼地，只出

周庄气候温和、物产丰富

芦苇和茅草。由于父子三人早出晚归，精耕细作，使这片低洼地变成了产量颇高的熟地。

周庄气候温和，土地肥沃，灌溉方便，盛产粮食和油菜，也是种桑养蚕的好地方。沈万三随父亲来到这里，人勤地不懒，粮仓里渐渐装满了粮食。

有一天，沈万三到苏州去卖粮，回来后兴冲冲地对父亲说："苏州阊门一带做生意的人很多，既能赚钱，又能到处玩，太有意思了。"在父亲的支持下，沈万三开始了经商生涯。

苏州大富翁陆德源富甲江东，觉得自

白蚬江大大方便了周庄的水运

己已经老了，手里的巨额财产生不带来，死不带去，如果不传给别人，一旦天下大乱，反而会酿成杀身之祸。他见沈万三聪明好学，为人豪爽，乐于助人，经商讲求信用，于是将全部财产赠给沈万三，自己去澄湖之滨当了一名道士，后来得以寿终正寝。

沈万三得到陆德源的巨额资产后，真是如虎添翼。他利用周庄的白蚬江西通京杭大运河，东北通吴淞江可以出海的地理优势，将周庄变成了一个粮食、丝绸及多种手工业品的集散地和交易中心。

沈万三一面将中国内地的丝绸、瓷器、粮食和手工艺品等运往海外，一面将海外的

古朴深邃的周庄小巷

珠宝、象牙、犀角、香料和药材运到中国，开始了对外贸易活动，很快成了江南第一大富豪，富甲天下，创造了前无古人的奇迹。

沈万三富而不骄，仍然关心百姓。有一年，他发现苏州玄妙观四周每天香客和游客络绎不绝，卖艺的和小商小贩四处云集，由于道路狭窄，行人车马经常阻塞。他想，如果将道路拓宽，在观前营建街市，既能方便行人车马，又能建店铺用于招商，是件大好事。于是，他说干就干，采用茅山石铺好观前的地面，建起了街市。这一举动深得百姓们的赞誉。

朱元璋建都南京后，由于战事频繁，开支浩大，没钱修建城墙。沈万三听说后，主动要求负责修筑聚宝门至水西门的那段城墙，还包括水关、桥梁、廊房、街道和署邸等相关工程。获准后，他延请了一流的营造匠师负总责，自己则整天在工地上督促进度，检查质量。不久，他负责修筑的城墙比皇家修筑的城墙提前三天完成。百姓闻讯后，都称沈万三为"白衣天子"。

沈万三望着建好的城墙，心中大喜，万万没想到竟会功高震主，大大扫了皇帝的面子。不知祸之将至的沈万三在高兴之

余，又向朱元璋提出，打算用自己的百万两黄金代替皇帝犒赏三军。生性好杀、多疑善忌的朱元璋闻言大怒，认为他这是与皇帝争民心，争军队，便立即派兵籍没了沈万三的家产，下令要砍沈万三的头。后来，幸亏马皇后求情说："沈万三又没做任何违法乱纪的事，不如让他自生自灭吧。"朱元璋这才改旨把沈万三流放到云南边陲去了。

到了清朝，康熙皇帝平三藩，收台湾，统一了中国，让百姓过上了安定的日子。欣逢盛世，天下太平，苏州郡守为了迎接下江南的康熙皇帝，广泛征集民间绝技。这时，周庄白家浜渔民的划灯便大显身手了。

点点河灯照亮了周庄的夜空

渔民以竹篾为架，裹上彩绢，制成彩灯，在里面点燃蜡烛，十分艳丽。他们在灯船上架好飞檐翘角，四周蒙上轻纱，纱上绘上飞禽走兽和山水花卉。飞檐周围有几十支灯钩，用以悬挂明亮的彩灯。透过轻纱，可以看到船中旋转着的戏文灯盘，有"梁祝姻缘""武松打虎""李三娘推磨""松鼠采葡萄"等等。灯船在水上变换队形划行，这就是划灯。

康熙皇帝观赏划灯后，心中大悦，称之为"上上贡品"。从此，周庄划灯被人称为"江南第一灯"。划灯风俗相沿至今，历数百年而不衰。

正是在康熙初年，贞丰里正式更名为周庄镇。周庄总面积36.05平方公里，历史上以农业、蚕桑业和手工业为主。

1978年改革开放以来，周庄乡镇工业迅速发展，行业结构日趋合理，初步形成了以皮革制品、建材、机械、有色金属、化工、服装、印刷、玩具和电子等行业为主的工业体系。

随着昆山到周庄、青浦到周庄两条公路的沟通，周庄分别连接到沪宁高速公路、312国道和318国道上，可谓四通八达了。

由于急水港大桥的建成，周庄的旅游业也迅速发展，日益兴旺起来。

急水港把周庄分割成隔水相望的两部分，历来只能靠小船摆渡。如遇台风季节，渡口停航，人们只能望河兴叹了。这成为周庄经济和旅游业发展的极大障碍。

经过再三论证，昆山县人民政府决定建造急水港大桥。由同济大学建筑设计院设计上部构造，昆山交通学会设计下部构造，于1987年3月动工，到1989年5月竣工，历时两年零两个月，耗资295万元，结束了千百年来人工摆渡的历史。

周庄如今已成为著名的旅游胜地

从前的周庄人只能靠小船摆渡相互往来

急水港大桥为昆山境内跨度较大、等级最高的桥梁。河面跨度 128 米，桥长 344 米，桥面宽 12.5 米。这种新颖的桥型，在国内外较大跨度桥梁中是罕见的。

现在，桥上可通汽车和行人，桥下可通轮船，给周庄的交通带来很大便利，让周庄如虎添翼，一日千里地腾飞起来。

二 名副其实的水乡

周庄呈荷叶形，从外面看，它四面环水，被澄湖、白蚬湖、淀山湖和南湖所围抱。

从周庄内部看，有四条大河道呈井字状在老镇区蜿蜒流过，镇中小河密如蛛网，纵横交错，数也数不清。

由于湖河联络，彼此相通，形成了一条条水巷。因此，到了周庄，即使咫尺往来，都必须借助舟楫。

在周庄，形状多样的石桥横卧水上，古老宅院依水而筑，百姓背水而居，环境清幽，一片"小桥、流水、人家"的诗意画境，堪称人间净土，仿佛世外桃源。

这些湖河巧妙地调节着气候，使周庄的夏天总要比别处凉爽，四海宾朋无不愿意前来消暑，都夸周庄为"江南第一水乡"。

澄湖

周庄北面的澄湖又名陈湖或沉湖，此地原为陆地，后来下沉为湖，故名沉湖。

澄湖北穿吴淞江，与阳澄湖相通，东南通昆山淀山湖。

澄湖面积约 40 平方公里，南北长 10 公里有余，东西最宽处近 7 公里。

澄湖水容量为 0.8 亿立方米，但平均水深不到 2 米。

梦里水乡——周庄

周庄

澄湖的水生植物和浮游生物十分丰富，因而湖中盛产鲫鱼和青虾，另有鲢鱼、鳙鱼、鲤鱼、银鱼、草鱼、青鱼、河蟹等。

站在澄湖岸上放眼望去，只见水波淼淼，帆影点点，令人心旷神怡。

白蚬湖

白蚬湖位于周庄镇西侧，长约5公里，俗称白蚬江，因江中盛产白蚬而得名。

白蚬湖面积7.6平方公里，平均水深2.5米。

白蚬湖湖水清澈，微波荡漾。湖畔垂柳摇曳，曲廊蜿蜒，亭台典雅。鹅卵石小径直通云海阁，过了云海阁的门洞是一条13米长的木质栈桥，栈桥那一端连着周庄

周庄——如梦似幻的水乡

舫。

周庄舫为船形小楼，共分两层。

从栈桥踏上周庄舫便登上了它的船头，匾额上有"周庄舫"三个大字，写得隽永飘逸，气势不凡。下面有一组书法木刻作品，书卷气扑面而来，又精巧又典雅。推开中间的落地长窗，便走进周庄舫的主体。那是一个约 240 平方米的会议厅，其顶部是木梁和网砖结构，从中间向两侧由高渐低，构成优美的弧线型。一张 180 平方米的手织地毯铺在地当中，四周 26 张高档藤椅围成一圈，椅座上有柔软的海绵坐垫，靠背上有柔软的海绵靠垫。藤椅之间摆放着仿明式茶几，茶几上装有进口话筒。会议厅的两侧是漂亮的

名副其实的水乡

落地长窗，窗外有 1 米宽的船舷走廊。置身其中，令人感到舒适惬意。

穿过会议厅，便是船的后半部分。这里的男女洗手间一如五星级宾馆的设施，外部的古典美与内部的现代化结合得十分完美。

手扶朱红色木质楼梯的栏杆，可以登上周庄舫的二层。这里有一个 50 平方米的咖啡厅，充满现代气息。厅外是一个露天酒吧，铸铁椅子张开双臂在迎接客人。两侧是木质栏杆，可以凭栏远眺。湖面如梦似幻，渔船若隐若现，美丽的白蚬湖尽收眼底。

水中的倒影给周庄增添了无限的魅力

周庄

淀山湖

周庄东南的淀山湖古代曾是陆地,秦、汉时沉陷为湖。

淀山湖水深约 2 米。湖中原有淀山,湖名即源于此。

淀山湖南宽北窄,形似葫芦,其长度 14.5 公里,最大宽度 8.1 公里,平均宽度 4.3 公里,岸线长 62.3 公里,总面积 445.87 公里。淀山湖主要容纳太湖流域来水,出水经黄浦江流入长江入海,沿湖进出河流众多,总计 59 条。

淀山湖碧澄如镜,沿岸烟树迷茫,富有江南水乡风光。

著名的淀山湖旅游风景区,仿古建筑奇巧豪华,汇集了南北园林的特色。

在淀山湖西畔,建有青少年野营基地。

淀山湖风景区的边缘地区,拥有丰富的历史人文景观,有 6000 年前的崧泽古文化遗址和福泉山古文化遗址,是迄今发现的这一地区人类最早的聚居地。

淀山湖畔有丰富的古建筑,如唐代的青龙寺、青龙塔、泖塔,宋代的普济桥、万安桥,明代的报国寺、放生桥和清代的曲水园、万寿塔,还有江南水乡名镇朱家

美丽的淀山湖风景区

名副其实的水乡

江南水乡名镇朱家角景观

角、金泽等，其中周庄首屈一指。

南湖

南湖位于周庄南面，俗称南白荡。利用南湖自然风光及历史胜迹而新建的南湖园，以全福讲寺为中心，有"水中佛国"之称。

湖滨有茂林修竹，环境极其幽静。湖中水清如镜，鱼虾丰盛。南湖既是一个天然水库和养鱼场，又是人人向往的自然风景区。

南湖园占地 54 亩，建筑面积 6300 平方米，分春、夏、秋、冬四个景区。

秋景区的思鲈堂和季鹰斋是为纪念晋朝名人张翰而建的，而刘宾客舍和梦得榭则是为纪念唐朝大诗人刘禹锡而建的。

南湖本名张矢鱼湖，当年张翰辞官返乡后，在这里垂钓，直至终老，因而得名。"矢鱼"即钓鱼之意。

张翰，字季鹰，西晋文学家、书法家，晋武帝司马炎时人。张翰世居周庄镇南，地近南湖。《晋书》中说他"有清才，善属文而放纵不拘"。时人比之竹林七贤之中的阮籍，称之为"江东步兵"。阮籍恃才傲物，狂放不羁，曾任步兵校尉，人称"阮步兵"。张翰生于江东，与阮籍齐名，因此人们称他为"江东步兵"。当时，曾有人劝他说："卿乃可纵适一时，

江南水乡名镇朱家角地处淀山湖的下游

名副其实的水乡

独不为身后名耶？"张翰回答说："使我身后有名，不如即时一杯酒！"

晋武帝死后，他的痴呆儿晋惠帝即位，八王之乱爆发了。

晋惠帝永宁元年（301年），八王之一的齐王司马冏夺得朝政。这时，张翰正担任大司马东曹掾。他见朝政腐败，大乱愈演愈烈，便预感到不可久留于是非之地了。

江南水乡名镇朱家角地处淀山湖的下游

张翰为了避祸，遂以"见秋风起，思念家乡菰莱、莼羹、鲈鱼"为借口，要求辞官，并赋《思吴江歌》一首："秋风起兮木叶飞，吴江水兮鲈鱼肥。三千里兮家未归，恨难禁兮仰天悲。"

从洛阳辞官返乡后，张翰与世隔绝，过起了悠闲宁静的生活。有人奇怪地问："为什么好好的官不当？"他回答说："人生贵得适志，何能羁宦数千里，以要名爵乎？"成语"莼鲈之思"指的就是这个典故。

张翰遗著有数十篇，散见于《艺文类聚》等书，并有《首丘赋》《豆羹赋》《杖赋》《秋风歌》等诗。张翰的文章风格独特，文笔流畅。他的诗文名句有

"黄花如散金"，唐代时曾用以命题选拔进士。李白曾夸赞说："张翰黄金句，风流五百年。"

现在，在周庄镇内，还有张翰故居和墓碑，坐落在河边一家小客店的隔壁。

南湖之滨原有一座名叫清远庵的佛堂，庵内设有刘公祠，是为纪念唐代大诗人、政治家刘禹锡而修建的。

刘禹锡，字梦得，洛阳（今河南省洛阳市）人，自称是汉朝中山靖王的后裔，曾任监察御史。他积极参加政治改革，是王叔文政治改革集团的一员，有"诗豪"之称。改革失败后，刘禹锡被贬。

美丽的周庄，曾令许多古代的文人雅士流连于此

周庄

后来，几经调动，刘禹锡被派往苏州担任刺史。刘禹锡任苏州刺史时，十分爱护百姓，办了许多好事。唐文宗大和五年(831年)，苏州遭受特大水灾，农田歉收。刘禹锡毫不犹豫，开仓拨出十二万石稻米赈济饥民，并免除赋税徭役，缓和了灾情。苏州人民爱戴他，感激他，把曾在苏州担任过刺史的韦应物、白居易和他合称为"三杰"，建立了三贤堂。

不久，刘禹锡又被贬官。于是，他来到水乡周庄，在南湖之滨小住。

刘禹锡离开周庄后，百姓怀念他，特地将他的寓所改建为佛堂，即清远庵。纪念刘

周庄名镇朱家角风光

名副其实的水乡

禹锡本该建一座祠堂，但因唐朝法度所限，建祠堂必须请示朝廷。人们考虑到刘禹锡刚刚得罪朝廷，难以获准，便采取了变通的办法，奉刘禹锡为佛，建造了这所佛堂。

清远庵几经焚毁，又不断修复。到清代时，唐代旧制已不复存在，百姓就毫无顾忌地在清远庵中修了刘公祠。

刘禹锡晚年回到洛阳，担任太子宾客加检校礼部尚书。现存刘禹锡诗歌八百余首，反映了百姓生活和风土人情，题材广阔，含蓄婉转，朴素优美，清新自然，健康活泼，充满生活情趣。

周庄的水光山色

周庄

如今清远庵和刘公祠都已不复存在。因刘禹锡字梦得，晚年做过太子宾客，为了纪念刘禹锡，人们在南湖园内新建了刘宾客舍和梦得榭。

南湖一片湖光水色，清幽透明，是游人的好去处，有"周庄明珠"之美誉。

水巷

周庄镇内的小河密如蛛网，但并不妨碍交通。周庄人巧妙地将它们作为水巷，划着小船在水巷里前行，既可运货，又可以载客旅游。

千百年来，从水巷运往全国的货物可以堆成一座泰山，既造福苍生，又互通有无，搞活了经济；近年，有朋自远方来，水巷又

名副其实的水乡

载上了四海宾朋，既有黄皮肤的，又有白皮肤的，也有黑皮肤的。

在周庄，如果徒步参观各景点，双脚总会走累的。这时，可以到沈厅前面的码头上船，这里是搭船游水巷的总站。河面上停泊着十多条小木船，都搭着一块深蓝色的布篷，这就是有名的乌篷船。上船后，船娘开心地摇着橹，带上游客一路高歌而去。船儿沿着南北市河徐徐北上，穿过弧形的富安桥桥洞。南北市河两岸全是老宅，一片粉墙黛瓦。房基全用砖块砌成，长年浸在水中，变得斑斑驳驳，令人顿起思古之幽情。

周庄沈厅景观

周庄

水巷中，船娘敲着乐器，唱着水乡小调，为水巷增添了特有的情调。那悠扬的旋律和独特的腔调都向天空和水面散发着浓郁的水乡韵味。这些勤劳的船娘熟练地驾着船，流露着对生活的自信。

小船继续前行，渐渐驶近闻名世界的双桥。

从沈万三故居沈厅乘船顺流而下，直至古镇双桥，这是周庄水上旅游的精品线路。全程大约半小时，沿途可欣赏周庄迷人的风光。

沈厅门前的灯笼

周庄有摇橹游船数百条，在水巷中供游客乘坐。游客在波光粼粼的水面上悠哉游哉，显得十分潇洒。

1987年新建的急水港大桥通车前，游人进出周庄都要靠小船摆渡，虽然多有不便，却也别具风情。大桥通车后，游客便都坐车进庄了。

2008年10月10日，周庄环镇水上游首航仪式启动，改变了二十多年来单一的坐车进镇方式，让中外游客体验到了环镇水上游的乐趣，向世人全面展示了江南水乡的美景和原生态的传统生活。

周庄每年接待300万人次以上的海内

周庄沈厅内部景观

外游客，推出环镇水上游线路后，近三分之一的游客愿意选择水路进庄。水上游客自镇北白蚬湖上船，途经爱渡小镇、有"上海的莱茵河"之称的急水港、东垞港，直到南湖码头上岸，历时也是半小时。

还有一条线路，是为从南面进入周庄的游客准备的。游客从周庄东南的淀山湖登上快艇，可以乘风破浪，直达周庄。一路上，游客恍如置身大海，但见水天一色，风声习习，忽然抵达彼岸，原来是到了周庄，进入水巷了。

三　周庄古桥

周庄随处可见的各式各样的小桥

有河必有桥，周庄也不例外。周庄河多，桥自然也多，小小的周庄竟有十座四百年至八百年历史的古桥。其中以下面几座古桥最为有名。

双桥

双桥位于镇中清澈的银子浜和南北市河交汇处，由世德桥和永安桥组成。因两桥相连，故名双桥。

两座石桥首尾相连，桥面一横一竖，桥洞一方一圆，样子很像古时候使用的钥匙。因此，双桥又名钥匙桥。

双桥中，世德桥为石拱桥，东西走向，横跨南北市河。世德桥东端有石阶引桥，伸到街巷中去。世德桥长 16 米，宽 3 米，跨度 5.9 米。

永安桥为石梁桥，平架于银子浜河口处。永安桥的桥栏由麻条石建成，桥洞很窄，仅能容小船通过。永安桥长 13.3 米，宽 2.4 米，跨度 3.5 米。

双桥始建于明神宗万历年间 (1573—1619 年)，世德桥由里人徐松泉、徐竹溪建造，永安桥由里人徐正吾建造。

双桥造型别致，举世无双，最能体现古镇神韵。桥下碧水清清，水滨绿树掩映，临河的小楼粉墙黛瓦，小舟从桥洞中悠悠穿过。游人见此奇景，无不为之入迷，仿佛穿越时

周庄双桥景观

周庄古桥

空，又回到了古代。

富安桥

富安桥为单孔拱桥，长 17.4 米，宽 3.8 米，跨度 6.6 米。位于中市街东端，横跨南北市河，通南北市街。古时，桥旁曾有一座总管庙，因此原名总管桥。

富安桥于元惠宗至正十五年 (1355 年) 由里人杨钟出资建造，原为青石铺面，无台阶。

明宪宗成化十四年 (1478 年) 和明世宗嘉靖元年 (1522 年)，富安桥曾两次重修。

清文宗咸丰五年 (1855 年)，周庄又一次重修富安桥时，将青石易为花岗石，东

周庄镇内有很多古石桥

石桥连接着周庄的幽幽小巷

西两侧设了级梯，中间为平面，刻有浮雕图案。

富安桥桥身四角建有桥楼，临波高耸，遥遥相对。四座桥楼飞檐朱栏，粉墙黛瓦，雕梁画栋，古色古香，为江南水乡仅存的桥楼合璧的立体型建筑。

现在，桥楼内设有茶楼和专售旅游用品的商店，可供游人休息，既是欣赏水巷风光的好景点，也是摄影留念的好地方。

沈万三的弟弟沈万四常常捐钱为乡里做好事，曾修建过富安桥。富安桥的名字表达了富了以后能够平安的心愿。

周庄贞丰桥景观

富安桥上有五块江南一带罕见的武康石，采自浙江德清县的山崖间，颜色深赭。石面有细小的蜂窝，不易磨损，雨雪天也不打滑。

较长的一块武康石在桥东做了栏杆石，供行人坐靠之用；另一块较长的则用作桥阶；而较短的三块铺在西桥堍了。桥堍是桥两头靠近地面的部分。

贞丰桥

贞丰桥是一座单孔石拱桥，桥长 12.2米，宽 2.8 米，跨径 4.4 米。

贞丰桥位于中市河西口，连接贞丰弄和西湾街，因周庄古名贞丰里而得名。

"小桥流水人家"诗一样的景观

贞丰桥于明思宗崇祯七年 (1634 年) 重修，于清世宗雍正四年 (1726 年) 重建。

贞丰桥如今拱洞完整，石隙间长出了枸杞枝，桥石斑驳，一派古意。

贞丰桥西侧有一座小楼，人称"迷楼"，曾经是南社成员柳亚子、陈去病、王大觉、费公直等人聚会赋诗、宣传革命的地方。

贞丰桥和迷楼一桥一楼，相得益彰，为古镇平添了无限诗意。

福洪桥

福洪桥在后港河西口，是一座造型别致的石梁桥。桥长 16.4 米，宽 2.1 米，跨度为 4.7 米。

福洪桥于清圣祖康熙年间由里人所建，

周庄福洪桥景观

清高宗乾隆四十九年 (1784 年) 重修。

　　福洪桥桥身中间的石条上镂刻着图案对称的花纹，中间镌有"福洪桥"三个字，但当地老百姓却叫它洪桥。

　　原来，太平天国年间，洪秀全领导农民起义军反抗清政府的统治，深得民心。起义失败后，有一支太平军从外地流落到周庄。当地地主豪绅十分恐惧，纷纷勾结清政府，一面散布谣言，污蔑太平军个个青面獠牙，杀人不眨眼，一面组织乡团，伺机镇压太平军。

有一天，大地主纠集反动武装在福洪桥上残酷地杀害了几百名太平军战士。太平军战士的鲜血染红了福洪桥的石阶，也染红了桥下的后港河。

为了纪念壮烈牺牲的太平军战士，从此人们把福洪桥改称为洪桥了。

充满诗意的周庄小桥

周庄古桥

四　周庄名胜

周庄民居内景

周庄环境幽静，建筑古朴。周庄的明清建筑很多，有很多深宅大院，屋顶和地面多呈黑灰色，周围则是白墙镶着深色木窗，既素雅又不失大气。其主人多是商贾之家或官宦世家。

由于周庄地处水乡泽国深处，过去交通不便，战火颇少蔓及，因而古建筑大多保存完好。虽经九百多年沧桑，仍完整地保存着古时水乡集镇的建筑风貌。据统计，全镇 60% 以上的民居仍为明清建筑，仅有半平方公里的古镇竟拥有近百座古典宅院和六十多个砖雕门楼。其中有几栋古典建筑闻名全国，如沈厅、张厅等。

独特的建筑是周庄另一大看点

周庄的寺院是人们休闲和向往的地方，它能净化人们的心灵，提升人们的精神境界，对于搞好安定团结和创建和谐社会是大有益处的。

周庄又新建了一些仿古建筑，也都颇为壮观，十分有名。

沈万三故居

沈万三故居坐落在周庄镇东垞，分东西两部。老屋粉墙黛瓦，两侧是茂密的树林和绿油油的菜田。

故居东部是沈万三随父亲沈祐迁到周庄不久后修建的住宅，具有明末风格；西部则是沈万三发家后建造的。

沈万三故居共有五个院子，结构紧凑，前后呼应。

故居围墙上有14幅精美砖雕，再现了沈万三的传奇历史，反映出沈万三的致富之道。这14幅砖雕分别是"迁居周庄""春耕垦荒""建屋造宇""种桑养蚕""积谷东庄""会友宴客""书香门第""开店设铺""巧得聚宝""陆氏赠财""捐资筑城""造桥积德""海外经商"和"茶马古道"。

故居中还有一些对联，其中"念之祖仓廪广集南北货，创先河舟楫远销东西洋"概括了沈万三的经商生涯。

大富豪沈万三是农民的后代，这从沈万三故居的建筑风格和居室内的所有陈设可以看出来。其所以能够发家致富，靠的是勤劳、智慧、机遇和诚信。

当沈万三发迹后，并未沉湎于花天酒地、纸醉金迷的腐化生活，而是仰慕风雅，欣赏昆曲，在高雅的艺术中陶冶情操，提升人格与品位。

故居中书画满目，墨迹飘香，令人肃然起敬。

沈万三为了不让后代子孙成为胸无点

独具特色的周庄建筑

周庄沈万三故居的精美雕刻

墨、无所事事的花花公子，专程以重金礼聘大儒王行知为塾师，到周庄来教育他的子弟，设馆于银子浜。王行知学识渊博，诗文俱佳，是明初有名的学者。

在这种环境中，沈万三也成了一代儒商。

沈万三水冢

浜，一般指小河，准确地说是指死胡同一样的小河，也就是所谓"一头通一头到底"的小河。

银子浜就是这样的小河。河面上波光粼粼，酷似无数碎银子在闪烁，故名银子浜。它从南北市河流出，经著名双桥之一的永安桥的方形桥洞徐徐东流。浜上萍红藻绿，芦

沈厅原名敬业堂，清末改称松茂堂

荄茂密。两岸簇拥着鳞次栉比、粉墙黛瓦的明清老宅。

银子浜流着流着，戛然而止，形成一泓金钩钓月湾。湾水清洌，大旱时也不干涸。湾下有座古墓，非常坚固，埋着沈万三的灵柩，岸上有牌坊式墓门、祭台、碑亭等。这就是沈万三水冢。

在石牌坊两侧，书有一副楹联："念我无祖迁贞丰耕农经商，望尔后裔居周庄修宅筑亭。"

沈万三在云南去世后，灵柩运回周庄。人们为了永远纪念他，将他葬在银子浜水冢中。

沈厅

沈厅原名敬业堂，清末改称松茂堂，位于富安桥东南侧的南市街上，坐东朝西，七进五门楼，有大小一百多间房屋，分布在100米长的中轴线两边，占地2000多平方米。

沈厅由沈万三后裔沈本仁于清高宗乾隆七年(1742年)建成。据《周庄镇志》记载："沈本仁早岁喜欢邪游，所交者皆匪类。及父殁，人有'不出三年，必倾家者'。本仁闻之，乃置酒召诸匪类饮，各赠以钱，而告之曰：'我今当为支持门户，计不能与诸君游也！'由是闭门谢客，经营农业，于所居大业堂侧拓创敬业堂宅，广厦百馀椽，良田千亩，遂成一镇巨室。"

沈本仁浪子回头，给我们留下了大名鼎鼎的沈厅。

沈厅由三部分组成：

其一，前部是水墙门、河埠，供家人停船、洗衣之用，为江南水乡特有的建筑；其二，中部是门楼、茶厅、正厅，为接送宾客，办理婚丧大事及议事之处；其三，后部是大堂楼、小堂楼、后厅屋，为生活起居之处。

整个沈厅是典型的"前厅后堂"的建筑格局。前后楼屋之间均由过街楼和过道阁连

沈万三像

周庄古建筑内部景观

接而成"走马楼",为同类建筑物中所罕见,令游客眼界大开。

松茂堂居中,占地170平方米。正厅面阔11米,呈正方形。正厅前面有轩廊,进深七檩。厅两边是次间屋,有楼与前后厢房相接。正厅后有游廊。屋面为两坡硬山顶,除六檩至七檩为单屋顶棚外,其余均为双屋顶棚。

松茂堂大厅内梁柱又粗又大,刻有蟠龙、麒麟、飞鹤、舞凤等图案。厅中悬匾一块,上面是"松茂堂"三个凸出的泥金大字,为清末状元张謇所书。

朝正厅的砖雕门楼是五个门楼中最宏伟的一个,高达6米,三间五楼。门楼上面覆有砖雕飞檐,刁角高翘,下承砖雕斗拱,两侧有垂花莲,下面是五层砖雕,布局紧凑。正中悬一匾额,刻有"积厚流光"四个大字,四周额框刻有精细的"红梅迎春"浮雕。其余的则镌有人物、走兽及亭台楼阁等图案,包括《西厢记》《状元骑白马》等戏文,人物神态各异,栩栩如生。一块长不盈尺的砖板上镌有前、中、远三景,构思巧妙,刻艺精湛,可与苏州砖雕门楼媲美。

大堂楼与前厅建筑风格有所不同,属

徽帮风格。大堂楼梁架造型浑厚，满是明式圆形图案。栏杆与棂窗制作精致，造型优美。地板大多是 60 厘米左右的单幅宽松板，坚固耐用。

沈厅的后厅屋有小河与波光粼粼的银子浜相通，可驾小舟自由往来。

周庄沈万三故居展厅大门

章厅

章厅位于周庄中市街，为章腾龙故居。

清朝初年，章氏先人章永廉在故居设米肆，赈济灾民。后来，章永廉将故居扩建成两个大厅，共有房子二十多间，名为绿天书屋。这两座大厅于清末毁于大火，而粉墙蠡窗、雕花大梁的厢房仍在，古风犹存。

章腾龙，字觐韩，周庄人。年少游学习

周庄张厅一景

武，博学多才，胸有大志。

清世宗雍正九年（1731 年），章腾龙效法徐霞客，离家远游，途经江苏、浙江、江西、广东、广西等省区，考察风土人情。

经过两年多的长途跋涉，章腾龙抵达桂林，行程万余里，通过实地考察，学问大进。

回周庄后，章腾龙埋头著书，撰写了《岭南杂记》《粤游记程》等书。

晚年，章腾龙搜集周庄史实，历时十年，于清高宗乾隆十八年（1753 年）编纂成历史上周庄第一部镇志，取名《贞丰拟乘》。

五十多年后，清仁宗嘉庆十五年（1810 年），此书由里人陈勰增辑出版。此书出版后，流行全国，国人纷纷效仿，形成一时风气。

章腾龙著作还有《绿天书屋诗文集》《驹隙志》《清梦录》《金阊婆子话稿》等。

章腾龙被公认为是对周庄历史研究作出巨大贡献的人。

贞固堂

贞固堂又名沈体兰故居，是爱国教育家沈体兰先生幼年生活之所。

贞固堂位于古镇太平桥之下，高壁花窗，粉墙黛瓦，面街临河，古色古香，环境幽雅，别具风格。

贞固堂内部结构精巧，室内布置陈设原

周庄贞固堂景观

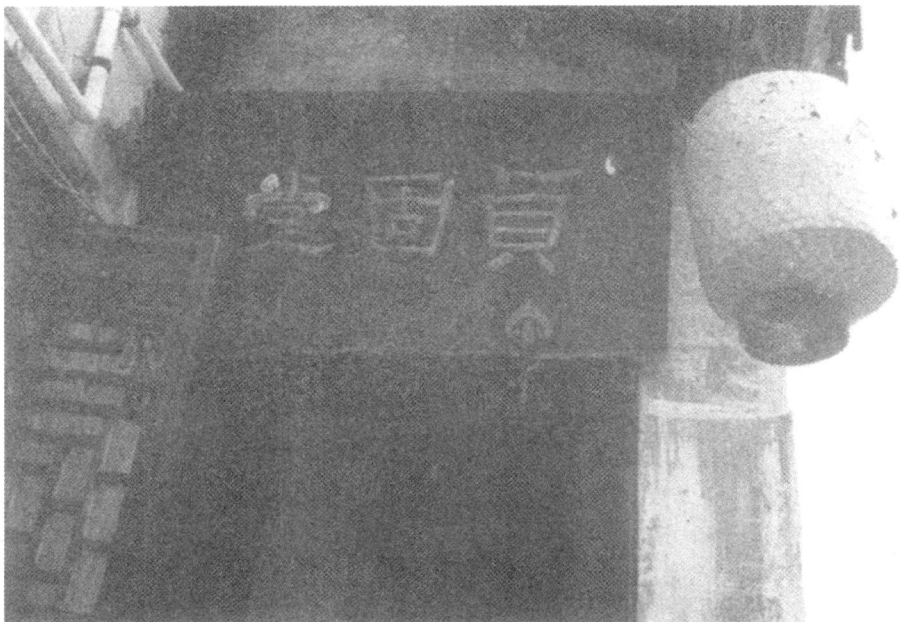

古香古色的贞固堂

汁原味，老式家具与文物、书画珠联璧合，古韵盎然。

贞固堂楼上楼下共拥有明、清和民国风格客房6间9个床位和自助厨房1间。客房里装饰讲究，水乡风味十足。

沈体兰生于清光绪二十五年（1899年），又名流芳，出身于周庄书香门第。

1922年，沈体兰毕业于苏州东吴大学。1928年，沈体兰赴英国牛津大学深造。

1931年9月，沈体兰应聘担任由英国教会创办的麦伦中学校长。

在校长任内，沈体兰制定了"建设高尚思想，养成社会意识，练习集体意识，实行公众服务"的新的办学方针，培养学生具有"科学头脑、劳动身手、生产知识、革命精神"。

沈体兰在校内建立了民主管理治校制度，聘请进步文化人士担任教员，邀请海内外学者名人讲演；废除了宗教课程，开设了时事形势课程，建立了周会制。

沈体兰在办校同时，还创办民众学校、补习学校和义务学校，招收工人、店员和失学儿童入学。

1934年，沈体兰在麦伦中学建起了

室内体育馆。1936 年，沈体兰又在校内修建了教学大楼。为了筹集经费，沈体兰以身作则，率先捐出父亲留给他的遗产，价值法币 3000 余元。

1931 年，九一八事变爆发，沈体兰大力支持麦伦中学学生的各项爱国救亡活动，并发起组织爱国社团，宣传"团结御侮"的救国主张。

上海八一三变事爆发后，沈体兰加入保卫中国大同盟等抗日救亡组织。受宋庆龄委托，沈体兰奔波于印度、英、美诸国，宣传中国抗日斗争的艰苦卓绝，扩大了反侵略正义事业的影响。

1938 年初，日寇深入中国，沈体兰赴内地办学。

1946 年夏季，沈体兰回到上海，复任麦伦中学校长，并兼任上海圣约翰大学教授。

麦伦中学的学生在中国共产党的领导下，参加全市反美爱国运动，影响遍及上海全市，学校因而荣获"民主堡垒"的美誉。

同年年底，上海市警察局要逮捕麦伦中学学生会三名主要干部，沈体兰义正词严，拒不从命。

同时，沈体兰与张志让等人发起组织上

贞固堂是典型的明代建筑

海大学教授联谊会。在上海各界人民团体联合发起组织的"美军退出中国"宣传周中，沈体兰主持召开外国记者招待会，用英语演讲，反对美国干涉中国内政。讲稿全文登载于英文报刊，影响甚广。

沈体兰还与马寅初等发起成立"上海市教育人权保障会"，联合民主教授发表意见书，提出"反对内战、反对逮捕爱国师生"等六项抗议。

1949年初，北京和平解放，沈体兰应邀参加新政协筹备工作，出任全国第一届政治协商会议副秘书长。

1949年10月1日，沈体兰参加了开国大典。

从1958年起，沈体兰出任上海市政协副主席，还先后担任过全国人大代表和上海市人大代表、市人民委员会委员、全国政协委员、中国民主同盟中央委员、上海市委常委、民主促进会上海市委常务理事等职。

沈体兰自幼聪明，受到良好的教育。有一天，他问父亲说："'贞固堂'的'贞固'是什么意思？"父亲回答说："贞固就是坚贞不移，古书说得好，'贞固足以干事'。"

周庄特色民居一景

沈体兰听后，牢记在心，一生造福百姓，坚贞不移。

迮厅

迮厅位于富安桥北侧，为明思宗崇祯年间吴江望族迮文焕所建，前后共五进，现存一、四、五进，其余已毁。

据苏州地方志《玄妙观无字碑》所载，明初大儒方孝孺因反对明成祖篡位，满门抄斩时，在好心人的营救下，总算留下一脉，没有绝后。其后裔一支改姓施，避居于苏北泗州（今泗洪县）；另一支隐居吴江莘塔，改姓迮，后迁居周庄。

这座迮厅就是方孝孺后人迮氏的宅院。

周庄迮厅景观

周庄张厅悬挂的匾额

连厅主厅又称大书房，据《连氏家谱》记载，清德宗光绪年间，清末状元陆润庠曾在这里开蒙，从师学习。

古时，苏州有家姓陆的，亦儒亦医，颇有名气。清晚期时，陆家有个叫陆懋修的，考入官学学习，后来做了润州教谕，一家住在校舍里。一天夜里，妻子梦见一只凤凰落在阶石上，醒后生了一个儿子。古时学校叫庠，因生在润州校舍中，所以叫润庠。又因梦见凤凰落在阶石上，所以陆润庠的字叫凤石。

陆润庠自幼聪明好学，10岁时便读完了成年人才能读完的四书五经。对家传医学，他也用心学习，颇通医术。清穆宗同治十三年（1874

年）二月，陆润庠参加殿试，一举夺魁，成为清王朝第一百零一名状元。

陆润庠考中状元后，按惯例入翰林院担任修撰，掌修国史，开始了仕宦生涯。他曾入值南书房，迁任侍读，出督山东学政，做过御史，又擢升内阁大学士，也做过末代皇帝溥仪的老师。辛亥革命以后，陆润庠不愿做民国的官员，做了前清遗老。

陆润庠性格温和，平易近人，虽贵为一品大员，但服用十分简朴。如有忧愁时，只内结于心中，决不外露。晚年病重后，整日危坐闭目，不言不语，也不进食，数日而终，享年 75 岁。

周庄张厅一景

后来，人们都称大书房为状元屋。现在，状元屋的天棚上尚有云板存留。古制，只有状元屋才有云板。这座状元屋虽几经修缮，但天棚上的云板始终保留着。

张厅

张厅位于北市街双桥之南，前后七进，房屋七十余间，占地一千八百多平方米。

张厅原名怡顺堂，是明代开国元勋中山王徐达之弟徐逵后裔于明英宗正统年间（1436—1449 年）造的。那时，徐达已经去世几十年了。

周庄张厅内部陈设

清朝初年，徐家衰败，怡顺堂转卖给张姓人家。

张家从徐氏手里买下怡顺堂后，将其改名为玉燕堂，俗称张厅。

现在，正厅及后楼是明代建筑，其他都是清代所建。张厅虽然历经五百多年沧桑，但古风犹存，官家的气势依旧。

玉燕堂的屋顶和堂中的椅子靠背都类似明代官员纱帽的帽翅式样，因此又称纱帽厅。厅内字画很多，门槛很高，高度接近儿童的膝盖，这是地位的象征。

第一进是门厅，是男主人接见客人的地方，女人是不能跨进这个门槛的。

第二进是轿厅，里面有一个大轿子。所有大户人家，没有大事时是不开正门的，只开偏门。每逢婚丧喜庆或有贵宾来访时，才大开正门，抬进轿子，直至这个厅里。

走进门厅，穿过轿厅，便是天井了。

天井两侧是厢房楼，楼前设有雕刻精细的花格栅栏，栅栏两端有一对威武的雄狮，十分壮观。楼下安有落地蠡壳长窗，楼上安有蠡壳短窗，显得古朴典雅。

第三进是正厅，供主人举行各种礼仪活动之用。前有轩，后有廊，宏伟壮观。

厅内宽敞明亮，四根巨柱均为楠木，故又称楠木厅。又粗又大的厅柱挺立在楠

周庄张厅内部清新雅致、古意盎然

木鼓墩上，有一抱粗细，敲之咚咚有声，坚如磐石，实为罕见。这是明代建筑的明显标志。

栋梁斗拱上雕饰着玲珑剔透的花卉图案，门窗棂格上的图案千姿百态，无不栩栩如生。

过了正厅，是匠心独运地筑成呈品字形的四进前后堂楼和厅屋，供当年主人生活起居之用。

后花园位于其间，假山、梅、兰、竹、芭蕉隐现于窗前屋后，衬以粉墙，显得又幽雅又精致。

前堂楼有明代遗风，简洁古朴，前后两

进厅屋古色古香。

后进厅屋临水而筑，室内门窗格调多变。室外驳岸（池水的护坡）围拥，隔着池水与后花园相望。

后花园南北两侧均有小院，建筑精妙，静悄悄的。

走过曲廊可步入南侧的后堂楼，此楼被夹厢环绕，天井内绿树成荫，安宁恬静。

北侧围墙环抱，三间平屋和临池水榭连成一体。在水榭中推窗可见池中波光潋滟，轻舟荡漾，怡神养性。

张厅的后花园让人感受到浓浓的文化气息，江南园林的六大要素——水、假山、

周庄张厅古香古色的家具

花树、亭台、楼阁和古典家具在这里样样俱全。

花园里的假山造型奇特，和无锡寄畅园内里看到的假山相似，堆的是江南名石——太湖石。太湖石的特点是瘦、皱、漏、透，为这座面积不大的小花园增添了无限灵秀。

从正厅至后花园有幽暗狭长的备弄，弄的左侧可连通各进堂楼，右侧可进入二楼三底的花厅。备弄是江南大户人家特有的厅堂之外的走廊。当年，没有大事轻易是不开正门的，每逢婚丧大事或有贵客光临才开大门。平时，家人进出都走这条弄堂。

走出弄底，有条小河穿宅而过，通向银

周庄张厅后花园怪石林立，鸟语花香

周庄名胜

如梦似幻的周庄建筑

子浜，名为箸泾。泾上有个用花岗岩条石砌成的一丈多见方的水池，可以在那里会船、卸货和调头。水池岸上嵌有如意状系舟缆石，俗称牛鼻头，雕得惟妙惟肖。

到第六进时，映入人们眼帘的是一副对联："轿从前门进，船从家中过。"这是鼎鼎大名的《三国演义》作者罗贯中先生题的。"轿从前门进，船从家中过"是周庄一大特色。

在水乡周庄，几乎家家都有自家的码头。

与古宅相映成趣的是长长的老街。老街的路面铺有大块的横条石，也有规则的长方形石块，甚至还有用碎石子拼成的。路面最宽不过两米，窄处不到一米，两边是紧紧挨在一起的楼房。高高的房檐伸得长长的，阳光从两边房檐的细缝中洒下来，温暖着古镇的居民。

叶楚伧故居

叶楚伧故居为清式建筑，包括墙门、轿厅、正厅和堂楼，还有一个后天井。

正厅内布置了叶楚伧的画像、著作、墨迹，以及书画家们的纪念作品。居室内的家具陈设多为清代和民国风格，十分朴素，毫无奢华之气。

天井中花木扶疏，绿树掩映，幽静小巧。天井中原有一株日本桅子花，是日本友人赠送的，为叶楚伧当年亲手所植，可惜移栽不慎而

周庄叶楚伧故居一景

周庄名胜

枯萎了。

叶楚伧生于清德宗光绪十三年(1887年),为著名南社诗人和政治活动家。

叶楚伧的曾祖父叶杏江是清朝官吏,退隐后经商发家;父亲叶凤巢靠设馆授徒为生。叶楚伧自幼勤奋好学,诗文极佳,成人后被誉为文坛一绝。

叶楚伧自幼在周庄长大,身体魁梧,为人豪爽。

叶楚伧考入苏州高等学堂后,有一年寒假回到周庄,见镇上依照旧俗于新年中开放赌禁,男女老少以赌博为乐,有些人甚至连倾家荡产也在所不惜;还盛行迎神、

周庄叶楚伧故居内部景观

周庄叶楚伧故居正厅祖荫堂陈设

赛会等迷信活动；有一些青年染上了吸食鸦片的恶习，不务正业，有的偷盗，有的拐骗。叶楚伧对这种现象非常不满，立即带领一批有志青年组织"文明度年会"，抵制不良的社会风气，向广大镇民宣传赌博、迷信、吸食鸦片的危害性。参加"文明度年会"的青年于农历正月初一举行团拜会时，将"恭喜发财"改为"恭喜进步"，以此破旧立新。

叶楚伧是热血青年，从小就关心国家命运。为了谋求中国的出路，他积极响应孙中山先生的革命主张，参加了同盟会，积极从事革命活动。

叶楚伧参加革命时，每次收到家里的信都原封不动放在箱子里。他说："看了家信，怕要分心，会影响工作。"直到辛亥革命胜利以后，他才取出一大叠家信，一封又一封地仔细阅读起来。读着读着，思乡之情油然而生。于是，他将自己的俸金三千元捐给家乡小学，作为贫寒学生的助学基金。这笔钱存入周庄商号，以每年的利息发给贫寒学生作学费，解决了不少学生的困难。

光复南京后，叶楚伧离开军队，到上海和于右任、戴季陶、邵力子等人创办了《民报》，继续宣传革命。

叶楚伧童年丧母，家境贫寒，寄居在本镇亲戚沈仲眉家。他当了江苏省政府秘

周庄叶楚伧故居堂楼一景

书长后，仍不忘当年的清寒生活。有一年他
回到故乡周庄，住在沈家，沈氏请他吃饭，
他说："不必客气，菜肴简单些，家常便饭
就可以了！"饭后，沈家的女佣王妈给他绞
上一把毛巾，他忙说："不敢当，不敢当！
你老人家替我绞毛巾，真是过意不去，应当
让我们年轻人给你绞毛巾才是。"王妈听了，
很是感动。

　　叶楚伧著有《世徽楼诗稿》《楚伧文存》
以及章回体长篇小说《古戍寒笳记》《如此
京华》等。他的小说温雅婉约，缠绵悱恻，
诗歌却豪放不羁。有人评论他的诗文说："星
斗罗于胸中，风雷动于腕底，文则雄健，诗

叶楚伧书法作品

周庄名胜

周庄澄虚道院一景

则高古。”

1946 年，叶楚伧在上海病逝，终年 60 岁。人们怀念这位长者，到叶楚伧故居瞻仰的人络绎不绝。

澄虚道院

澄虚道院俗称圣堂，建于宋哲宗元祐年间 (1086—1093 年)，距今已有九百多年的历史了。

澄虚道院位于镇西，坐落在繁华的中市街上，面对普庆桥。当地有“先有澄虚，后有周庄”之说。

道院有正门、圣帝殿、文昌帝阁。院中建筑逐进增高，含有“岁岁升天”之意。

据《周庄镇志》记载，明代时，澄虚道院曾用竿子悬灯，为西湾夜泊者照明。明代中叶以后，道院规模日益扩大。明世宗嘉靖年间，当地人王璧捐资，为澄虚道院增建了仪门。

清圣祖康熙二十五年（1686年），道士胡天羽不辞辛苦，化缘募捐，扩建了玉皇阁。五年以后，胡天羽又在阁西建造了文昌阁。清高宗乾隆十六年（1751年），道士蒋南纪在山门外建造圣帝阁，使澄虚道院成为吴中著名的道院之一。

玉皇阁为院之正殿，始建于宋代。殿宇森严，青石为基，重檐翼角，屋脊有砖刻图雕。从殿内拾级登楼，为"指归阁"，其西

周庄建筑一角

周庄名胜

有文昌阁，高耸并列，有腾飞之势，使人飘然欲仙。其南有圣帝阁遥峙，殿宇轩敞。

昔日，院内黄墙绿树，楼阁参差，钟磬盈耳，庄严幽深。诸殿中供奉大小菩萨塑像有数百余尊，神态各异。

玉皇阁殿内，正中供奉"先天斗姆大圣元君"塑像，故又称"斗姆殿"。

因该道院与苏州玄妙观同属"正一派"，故在斗姆像之前还供奉玉清元始天尊、上清灵宝天尊、太清道德天尊，也就是"三清"塑像，形体较小。

殿内两旁还有三官大帝、雷祖菩萨、日宫太阳帝君、月府太阴帝君、蛇王天君

周庄全福讲寺大雄宝殿景观

等上百个千姿百态、造型生动的塑像。

周庄保存了大量的古建筑

指归阁上除关云长塑像外，还有三十六尊天神天将，其面部表情、身段姿态、器杖衣着、气质风度各不相同。

圣帝阁庄严肃穆，正中端坐玄天上帝，两旁是雷公、电母、托塔天王李靖等八位天神天将，形态威武，衬以山水云烟汇成的天幔。

澄虚道院内的道教活动自明代以来长盛不衰，院内香烟袅袅，烛光融融，道教音乐发人深省，诵经礼赞之声不绝于耳。

每年农历六月廿一、廿二日，澄虚道院要举行火神醮，设坛祭祷，祈求神明保佑周

周庄全福讲寺是远近闻名的古刹

庄百姓安居乐业，勿发火灾。

火神醮后两天，还要举行雷祖公醮。道院内的法师和道士按照严格的仪程，鼓乐齐鸣，诵经礼赞。善男信女虔诚地祈求苍天保佑国泰民安，年年丰收。

《周庄镇志》说澄虚道院的打醮仪式"悉如帝王祀典之隆，亘古未有也"。

为了发展旅游事业，弘扬传统文化，从 1993 年起，周庄对澄虚道院进行了全面修缮。

澄虚道院不仅让游客了解到周庄的宗教文化，也让游客目睹了宋代建筑艺术的实物。

全福讲寺

全福讲寺是远近闻名的古刹，建于宋哲宗元祐元年（1086 年）。

当年，周迪功郎舍宅建了这座全福讲寺，后经历代不断扩建，修得梵宫重叠，楼阁高耸，游客如云，香火鼎盛，成为江南名刹。

全寺共有五进，主体建筑大雄宝殿雄伟壮丽，三丈多高的如来佛盘膝而坐，佛掌中可卧一人，佛身倍于江浙各大寺院之佛像。据《周庄镇志》所载：这尊如来佛

本在苏州虎丘海涌峰云岩寺，清世祖顺治五年（1648年），总兵杨承祖率军驻扎白蚬湖边，特地将其请入全福讲寺内。

如来大佛左右伫立文殊、普贤二位菩萨，有如二峰巍然挺立。两侧十八罗汉夹侍，神态各异，栩栩如生。

清初大书法家李仙根拜访全福讲寺时，见寺院濒湖，心有所感，挥笔题了"水中佛国"四个大字，制成巨匾后悬于山门之上，为古寺增辉不少。

几百年来，全福讲寺一直香火不断，暮鼓晨钟，发人深省。不幸的是，这座江南名寺竟于20世纪50年代被迫改作粮库，毁于一旦。所有佛像和寺内珍品一扫而空，成为古镇一大遗憾。

周庄全福讲寺一景

周庄

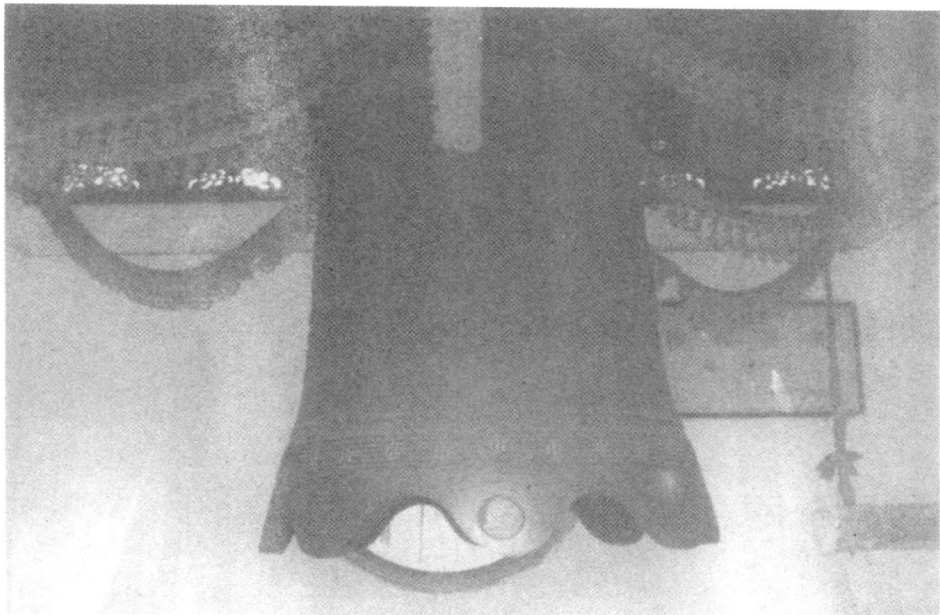

　　改革开放后，周庄开始发展旅游业，决定异地重建全福讲寺。于是，周庄人让全福讲寺在南湖园中获得了新生，水中佛国又熠熠生辉了。

　　新建的全福讲寺沿中轴线的主要建筑有山门、指归阁、大雄宝殿和藏经楼等。

　　第一进山门耸峙于南湖之滨，门前湖光潋滟，游客可乘舟登岸，沿台阶进寺，也可以由全福拱桥沿湖岸进寺。

　　进入山门后，迎面是一座五孔石拱桥横跨于荷花池上。桥上两侧有石栏，直抵指归阁。登阁而望，南湖万顷波光尽收眼底。钟楼、鼓楼耸立两侧，使寺院显得更加雄伟。

　　第三进为大雄宝殿，高 18 米，飞檐斗拱，

全福讲寺供奉的佛像

轩廊环绕。屋上"佛光普照"四个大字闪闪发光，梅、兰、竹、菊砖雕构图精美。

殿中宝相庄严的大佛小佛多得数不清，殿正中供奉佛祖释迦牟尼铜座像，慈眉善目，高达5米，重有3吨。两侧文殊、普贤分别骑在雄狮、大象上，英武非凡。大殿两旁的十八罗汉神态各异，形象逼真。殿后是飘海观音，屹立于鳌背之上。殿中佛像优美，光彩夺目，使人如临佛国，佛教文化艺术气息十分浓郁。

大雄宝殿后为三层高的藏经楼，雕梁画栋，金碧辉煌。经楼两侧是大斋堂和方丈室，遥相呼应，使整体建筑错落有致。

复活后的全福讲寺借水布景，巧夺天工，如诗如画，佛教文化博大精深，建筑艺术美轮美奂，很为古镇增光添彩。

牌楼塔影

全福路南端，在新镇和老镇交界处，矗立着一座仿古牌楼。

四根坚固挺拔的浅褐色花岗石方柱支起的重檐翘脊的牌楼，浑厚粗犷的木质斗拱透出仿明建筑的风采，气势轩昂，好像鸟儿张开两翼在欢迎四海宾朋，恰如周庄向世界敞开的一道庄重古朴的大门。

整个牌楼精錾细雕，柱联额字华美隽永，使牌楼越发神彩飞扬。北侧匾额是"贞丰泽国"四个涂金隶书大字，告诉人们脚下这块美丽的水乡原叫贞丰里。柱联上联是"贞坚不贰攀日康庄有道路"，下联是"丰衣足食向阳桃李自逢时"，墨绿色的阴文楷书端庄得体，表示周庄人民坚贞不屈，勇于攀登，终于找到一条致富之路，而今丰衣足食的幸福生活全靠党的富民政策。南侧匾额是"唐风孑遗"四个字，是对古风独存、保护完好的周庄古镇的精辟写照和由衷赞美。柱联上句是"万顷碧波水光潋滟晴方好"，下句是"百尺凌云塔影横斜景亦奇"，既歌颂了湖，

全福讲寺菩萨像

也赞美了塔。

牌楼西侧耸立着一座仿古宝塔——全福塔。

塔为混凝土木结构，高33米，五层六角形飞檐翘角凌空，风铃高悬，古朴雅致。

沿着塔内螺旋式阶梯登高眺望，可穷千里之目，远山近水和整个周庄尽收眼底。

牌楼塔影成为周庄新老街区衔接处的靓丽一景，大多数来周庄旅游观光的宾客都会以此为背景摄影留念。

古戏台

周庄有一座古戏台，坐落在双桥北边，占地7亩，建筑面积为2500平方米。

古戏台为木质结构，戏台三面有走马楼式的包厢，显得古色古香。

戏台正中由420只木雕凤凰盘旋成复盆状，称之为凤凰藻井。这种建筑利用了共鸣原理，可以产生音响效果，足见周庄人的智慧。

戏台正面有东阳木雕，刻有细致的戏曲人物花板。两根立柱上书有楹联，对偶贴切。整个古戏台既富丽堂皇，又不失古朴幽雅。

周庄全福讲寺一景

古戏台走廊内陈列着"周庄八景"诗画：

其一："全福晓钟"。全福讲寺原坐落在周庄镇西侧的白蚬湖畔，白蚬湖也称白蚬江。全福讲寺最初叫"泉福寺"，周迪功郎及夫人舍宅建寺，后来不断扩建，梵宫重叠，古木参天，成为苏杭一带的名刹。寺内有一座巨钟，重 3000 斤，悬于大雄宝殿左侧。每当拂晓时分，寺僧都要撞钟，声音可传至数十里之外。人们把巨钟当做报晓的金鸡，闻声而起，开始一天的劳作。

著名的周庄牌楼塔影景观

其二："指归春望"。全福讲寺中有一座佛阁，高耸于梵宫之中，名"指归阁"。指归阁飞檐翘角，四面有窗，可以远眺。每当春光明媚，风和日丽之日，周庄人常登阁眺望春景。远方黛山隐隐，近处湖水潋滟；岸边桃红柳绿，田间麦青花黄，令人心旷神怡，美不胜收。

其三："钵亭夕照"。镇北永庆庵后院有个荷花池，池边有一座亭子。因为庵中人常在池中洗钵，所以人称这座亭子为钵亭。钵亭背东面西，前面有一泓清水，后面有百年古柳，环境十分清幽。白天闲坐亭中，垂柳拂水相伴，风送荷香扑鼻，令人感到十分惬意。傍晚，夕阳西下，绮霞挂在天边，池中波光烁金，使人乐而忘返，融入大自然之中，有返璞归真之感。

其四："蚬江渔唱"。白蚬江横亘于周庄西侧，因江中盛产白蚬而得名。每当下午，渔船满载而归，在江畔抛锚泊船，晾网卖鱼，平静的港湾顿时热闹起来。傍晚时分，船头上三五成群的渔民纷纷饮酒作乐。饮到明月初升，酒酣耳热之际，渔民禁不住扣弦高歌，此起彼伏。古老的渔歌在江面上传得很远，天地为之动情，仿佛与之同乐。

其五："南湖秋月"。南湖位于镇南，

周庄南湖秋月园一景

景色四季宜人，而秋夜的月色更加迷人。当金风送爽，明月高悬时，湖面上一片金黄，真有"长烟一空，皓月千里，浮光跃金，静影沉璧"的意境。

其六："庄田落雁"。庄田又名蒲田，是南湖西面的一个独圩，长满芦苇和香蒲，为候鸟栖息的好地方。每当秋季芦花泛白，香蒲吐穗时，庄田引来了无数南飞的大雁。白天，雁群在空中盘旋；夜晚，雁群落在圩上栖息。雁群为周庄秋景添了一处亮点。

其七："急水扬帆"。急水港古称东江，西连白蚬江，东接淀山湖，江面宽阔，水流湍急。有时北风劲吹，浊浪排空，令人望而

周庄美丽的南湖秋月园景观

生畏。勇敢勤劳的渔民不畏水急浪高，常常挂起白帆，百舸争流。其景动人心魄，令人充满豪情。

其八："东庄积雪"。东庄在周庄东郊，方圆 1300 亩，土地肥沃，为当年沈万三囤粮之处，又名"东仓"。每当冬雪过后，东庄银装素裹，一望无垠，是踏雪赏景的好去处。

五　周庄小百科

（一）周庄节日

周庄民风淳朴，文化底蕴深厚，有着丰富而别具一格的节庆活动。

春节

春节是周庄人一年当中最为盛大的节日。尽管随着时代的变迁，春节所包含的内容变了，人们过春节的方式也变了，但春节在周庄人心目中的地位是无可替代的。

按照周庄的习俗，广义的春节从农历十二月二十四开始，一直延续到新年正月十五元宵节为止，前后三周。其间以十二月二十四、除夕、正月初一和正月十五最热闹，可以说是春节的高潮。

节日的周庄热闹非凡

节前，百姓家家户户都要清扫房屋，洗衣拆被，以示除旧迎新。人们还要从市场上买回丰盛的年货，有肉类、糕点、糖果、水果等食品，以备节日食用和待客。

按传统习惯，除夕晚上全家要团聚在一起吃团圆饭。这顿团圆饭一般有十几道菜，其中多数都隐含人们对生活的美好愿望，如吃鱼表示年年有余等。

除夕要守岁，人们一夜不眠，在欢乐中送旧岁迎新年。在新年到来时，人们燃放爆竹，用以驱邪祈福，并表示庆祝新的一年到来。

到了初一，全家老小都要换上节日盛装，

张灯结彩的周庄

迎接客人来访或外出拜年。人们相见时，用"新年好""春节好"等吉祥语相互祝愿。如果亲友之间在过去一年里曾发生过什么纠纷，只要春节去拜年，就彼此谅解了。

贴春联，贴年画，挂花灯，是人们欢度春节的活动。节日期间，市场上摆出很多反映人民幸福生活、愉快劳动和各种花卉山水的年画、春联，供人们挑选。

花灯是周庄民间传统工艺品，春节期间的灯会也是一项十分热闹的活动。花灯上印有动物、风景、英雄人物等，灯的造型多种多样，十分精美。

元宵节

正月十五元宵佳节古称"上元节"。

夜幕降临，人们点燃船上的花灯

周庄

节日里的周庄，家家户户张灯结彩

明清两朝，周庄在元宵节夜里有马灯之戏。届时，挑选容貌姣美者演戏，让周庄百姓大饱眼福。

满街满市遍悬各种彩灯，造型奇特，缤纷绚丽。人们在锣鼓喧天中赏月品灯，望着形象逼真的灯上戏文人物，百姓喜笑颜开，一派欢乐祥和的景象。

每年元宵节，周庄人还要举行"打田财"活动。届时，人们在东垞村牛郎庙的广场上竖起一根桅杆，杆上横一根小竹竿，两端各悬一串彩灯。桅杆顶端缚上一圈圈稻草，在稻草里藏好鞭炮，系上导火索，再糊上一层黄纸，做成元宝状，称之为"田财"。

周庄人以自己特有的方式庆祝节日

到了夜晚，人们从四面八方携带鞭炮、爆竹、焰花和火筒，扶老携幼来到广场上欢度良宵。当桅杆上彩灯内的蜡烛燃尽时，人们立即鸣放鞭炮、爆竹，点燃焰花和火筒，用月炮、九龙抢珠、"五百鞭""一千鞭"对着桅杆上悬挂的"田财"轮番射击。一时间，烟花呼啸，鞭炮齐鸣，围观者欢声雷动，一个个喜气洋洋。

不一会儿，"田财"在射击下熊熊燃烧起来，从桅杆顶上跌落到地上。这时，人们争先恐后地拿着一束束稻草到燃烧的"田财"上去点火，然后一边当空挥舞，一边拿到自家田里去烧各个角落。

烧田寓意送财到农田，借以祈求五谷丰登，国泰民安。这时，田野里火光点点，有如繁星；祈祷声悠扬高亢，直上苍穹。

长工节

据清陶煦《周庄镇志》记载，三月二十八日是天齐王诞辰，周庄人要在东岳庙左侧请梨园弟子演戏三日，近乡长工多停工来玩，俗称长工生日，也就是长工节。

天齐王指东岳泰山神，唐玄宗时封其为天齐王。民间传说，天齐王一向喜欢看戏。

每逢三月初，乡董、士绅便与商界捐资摊款，四处邀请艺班演员，并在东岳庙附近圈地搭台，为演戏做准备。

周庄戏台一景

节前数日，旅居外埠者纷纷返回周庄，既可参观节日盛况，又能畅叙天伦之乐，可谓一举两得。

从二十七日起，到二十九日，在这三天内，四乡数十里内乡民都赶到周庄过节。全镇热闹异常，八条大街旗幡飘飘，游人比肩继踵；井字形市河上舟楫如林，首尾相接；镇外急水江帆樯片片，有如千军万马。夜晚，全镇灯火通明，如同白昼。

东岳庙左侧戏场圈地约有二三十余亩，有的满畦菜麦被践踏得一片狼藉，主人也忍痛无言。

庙前斋筵大棚里，全镇诸庙之神欢聚一堂，受善男信女顶礼膜拜，香火盛极一时。

在戏场周围，小吃摊、茶棚比比皆是，还有算命的、相面的、卖泥塑的、打拳卖药的、玩杂耍的、拉洋片的，真是三教九流，各显神通，吸引游人。

午后演戏开始，戏台上鼓乐喧天，歌舞欢腾；戏场上人山人海，男女老少彼此挨挤，一个个眉飞色舞，无不沉浸在喜庆的氛围中。

节日的夜晚灯火通明，十分热闹

端午节

农历五月初五是中国民间的传统节日端午节，周庄的端午节极具江南水乡特色。

在这一天，周庄人要挂钟馗像，迎鬼船，躲午，驱鬼、贴符，悬挂菖蒲、艾草，佩香囊，比武，赛龙舟，击球，荡秋千，饮雄黄酒、菖蒲酒，吃粽子、咸蛋和时令鲜果等。

迎鬼船是端午节的习俗之一。在五月初五这天，周庄人用纸草扎成旱船，带着它去登高和逛街，谓之"迎鬼船"。周庄人认为群鬼十之八九是懒鬼，见船就上。人们登高和逛街后，要在村外将旱船烧掉。周庄人说这样会把船上的鬼烧死，它们就不能危害人间，人间就太平了。

躲午是端午节习俗，也称恶月躲午。周

庄人认为五月为"恶月"，酷暑将临，瘟疫蔓延，重五更是个不吉利的日子，因此父母都在这天将未满周岁的儿女带往外婆家躲灾避祸，称为"躲午"。这是古代科学不发达而产生的观念，其实是因为五月蚊虫滋生，在没有医疗卫生设备的民间，容易发生传染病，因而给人们带来一种恐惧心理，于是产生了躲午习俗。

中国古代将五月视为"恶月"，因此端午节驱鬼在民间非常盛行。驱鬼的方法很多，除了上面讲的焚烧迎鬼船外，常见的一种是在节前五月初一晚上插桃树枝。人们认为桃木能避邪，所以日落之前折些

周庄夜景

周庄

桃树枝插在门前和窗上，以起驱鬼的作用。

另一种重要的方法是在室内挂驱鬼符。驱鬼符要求必须在端午日出或正午时书写，书写材料要用生朱，砚内和书写人口中必须放上硝石。较为通行的符咒有"五月五日天中节，赤口白舌尽消灭"之类。

类似的驱鬼习俗还有在儿童额上点雄黄酒。节日一早，要在儿童耳朵上夹艾蒿，头上戴菖蒲，然后用雄黄酒在额上写一个"王"字。据说这样可使百鬼畏惧，儿童得以保命长生。

（二）手工艺

庄炉

周庄的手工艺生产颇具特色，清代光绪年间，周庄铜炉曾在南洋劝业会上获奖，人称"庄炉"。至今，周庄百姓家里普遍藏有庄炉。

制庄炉时，铜匠先将铜板敲打成扁圆炉体和浅盆形炉盖，再在炉盖上镂上一个个雪花状或珍珠形的小孔，最后在炉体、炉盖、炉档上镌刻线条、花卉、蝴蝶、鸟雀、云纹等图案，制成一件精美的铜铸工艺品。在婚嫁之日，庄炉常被用作女儿的陪嫁礼品。

外国游客一见庄炉，无不赞叹，爱不

周庄一景

周庄

释手，都不会空手而归的。

据《贞丰拟乘》记载，周庄冯、费两家的脚炉坚实厚重，三十年不会损坏。

现在，各式各样的现代取暖设施取代了庄炉，但人们不会忘记庄炉曾经常来的温情。

过去天寒时，人们便在庄炉里放上火光闪烁的灶灰，再掺上砻糠、木屑之类的燃料。这样热乎乎的庄炉既可焐手，又能暖被。在寒冬里，庄炉也可以烘烤衣物和小孩尿布。

周庄民居屋顶的瓦也是一绝

黛瓦

黛瓦在周庄随处可见，多用于民宅屋顶、花墙、花窗、亭台、廊轩、水榭、船棚。

周庄到处都有前朝的黛瓦，无不折射出周庄先人们精湛的传统工艺。

周庄陆地平均高出海平面 3.2 米，其土质分黄泥土、青泥土、乌泥土、青紫土等。其中近百分之九十的黄泥土性黏似糯米粉，细腻柔和，是制作黛瓦的上好材料。

周庄人将黄泥土几经泼水、踩踏、翻弄，令其柔软如粉，用以做瓦坯。制瓦方法是先用一把尺状小泥弓切下一张长约 20 厘米、宽约 19 厘米、厚约 1 厘米的泥胎，

刻有猛虎图案的周庄民居

利用瓦模做成一个圆溜溜的筒子。这个泥筒子晾干后，再用尖头小刀沿筒子内壁划出四条等分竖线，轻轻一拍，就是四片瓦坯了。瓦坯装进乌窑，经熨膛火、紧膛火等八九昼夜的文火和烈火，最后闭窑熄火，泼水冷却，黛瓦便生产出来了。

周庄的仿古青瓦是江南水乡仿古建筑不可或缺的材料，苏州网师园簃春殿用的就是周庄人制作的黛瓦。

（三）周庄饮食

周庄有好多美食是古今中外闻名的。

莼菜鲈鱼羹

周庄鲈鱼肉质白嫩鲜美，可以红烧，也可以煮汤。煮汤时，如果配上莼菜，那就是菜肴中的上品莼菜鲈鱼羹了，自古被誉为江南三大名菜之一。

　　鲈鱼体长而侧扁，一般体长为 30—40厘米，两眼间微凹，有 4 条隆起线。口大，下颌长于上颌。吻尖，牙细小。栉鳞细小，皮层粗糙，鳞片不易脱落。体背侧为青灰色，腹侧为灰白色。体侧及背鳍鳍棘部散布着黑色斑点。随着年龄增长，斑点渐不明显。鲈鱼喜欢栖息于河口略咸的淡水中，也能生活于纯淡水中。鲈鱼生性凶猛，以鱼、虾为食。最大可长至 30—50 斤，一般为 3—5 斤。鲈

周庄建筑屋顶细节

物产丰富的周庄

鱼能健脾、补气、益肾、安胎，含蛋白质、脂肪、钙、磷、铁、铜、维生素 A 等成分。鲈鱼可用于治疗脾胃虚弱，食少体倦或气血不足，伤口久不愈合，脾虚水肿，肝肾不足，筋骨不健，胎动不安等。鲈鱼有四腮、两腮之别，周庄鲈鱼为两腮，背上没有刺戟，肉无芒刺，历来为人所称道。

莼菜是属于睡莲科的一种水草，有红梗、青梗之分。叶片浮于水面，呈椭圆形，较滑嫩，叶背有胶状透明物。莼菜为国家 I 级重点保护野生植物，由国务院于 1999 年 8 月 4 日批准。黄河以南所有沼泽池塘

周庄特色小吃——万山蹄

莼菜不仅味道清香，营养也很丰富

美丽的周庄

都有莼菜生长，尤以江苏太湖、周庄南湖以及杭州西湖等地生产为多。采摘尚未露出水面的嫩叶食用，是一种地方名菜，也可作药用。当年，乾隆皇帝下江南时，席上必以莼菜调羹进餐，并派人定期运回宫廷食用。莼菜调羹作汤，清香浓郁，被视为席上珍品。三四月间莼菜花盛开时节，正是鲈鱼最肥的时候。周庄人将莼菜制成罐头，一年四季都可以品尝。

白蚬汤

白蚬是软体动物，也称"扁螺"，形状像心脏，介壳表面为暗褐色，有轮状纹，栖息在淡水软泥中。白蚬的肉可以食用，其壳可以入药。

南风吹时，白蚬最肥，洗净煮沸，放进调料，乳白色的蚬子汤鲜美可口，营养丰富。蚬肉也可用于炒菜，是物美价廉的菜肴。

俗话说："稻熟螺蛳麦熟蚬。"每年农历四月麦熟时，是白蚬上市的季节。由于白蚬含有丰富的高蛋白，深受国外客商欢迎。现在，周庄白蚬江所产白蚬已批量出口。日本人在喝蚬子汤时，往往放些牛奶一起喝。也有的日本人将蚬肉剔出后，蘸糖、醋等调料食用。

万三蹄

周庄民间流传一句话："家有筵席，必有酥蹄。"这酥蹄指的就是万三蹄。万三蹄是沈万三家招待贵宾的必备菜。经数百年的流传，万三蹄已经成为周庄人年节和婚宴中的主菜了。万三蹄于1995年夺得苏州市名牌产品的桂冠，1996年分别荣获上海国际食品博览会优质产品奖和首届中国消费者信得过产品博览会金奖。

万三蹄用料考究，以精选的肥瘦适中的猪后腿为原料，加入调好的配料，用大号沙锅加水煨煮，经过一天一夜，火候要数旺数

周庄茶楼一景

文，以文火为主。煮熟的整只万三蹄皮色酱红，香气四溢。

万三蹄吃法别具一格，要在两根贯穿整只猪蹄的长骨中轻轻抽出一根细骨，然后以骨为刀，切肉而食。抽出细骨后，蹄的形状丝毫不变。万三蹄肉质酥烂，入口即化，肥而不腻，皮肥肉鲜，滋味极美。万三食品厂生产的真空包装的万三蹄十分受人青睐，常年供不应求。

童子黄瓜

童子黄瓜属酱菜，脆而清香，甜而不腻。童子黄瓜呈翡翠绿，透明，因无籽，故称"童子黄瓜"。

秀美的周庄俨然是一幅水墨丹青

周庄

周庄市井一景

周庄镇西吴公裕，是始创于清文宗咸丰年间的老酱号。店主为徽州人，开店不久便以自制的童子黄瓜名震四方，曾获巴拿马国际食品博览会金奖。

每年初夏，店主派专人去四乡瓜棚选购黄瓜，专挑一指粗细，上下匀称，二寸来长，无籽的小黄瓜。

店后有作坊，小黄瓜洗净后摊开晾干，放在大缸中腌渍，放盐比一般酱瓜要少三分，并不时上下翻动，称为"倒缸"，使盐味均匀，以备装瓿（瓮一类的器皿）。

与此同时，要用面粉揉成面团，切成半寸见方的小块晒干，令其放霉，称为"黄子"。

装甏时，一层黄瓜，一层黄子，铺平装实，然后封口。

吴公裕的酱黄瓜不放糖，但却有甜味。这是黄子分解出淀粉，与黄瓜自身的糖分交融而产生的甜味。

现在，童子黄瓜已经制成罐头，远销海外了。

撑腰糕

每年农历二月初二，周庄人都要用糯米和粳米、红糖、果仁、松子、红枣拌和蒸成糕，称为"撑腰糕"。

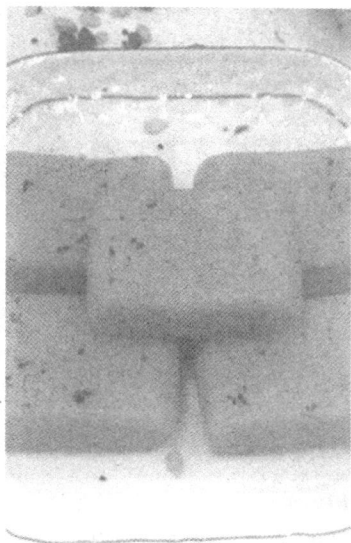

周庄特色美食——撑腰糕

这种糕松软可口，营养丰富，大补元气，增强体力。由于糕呈黄色，又称黄松糕。

周庄本地风俗，认为吃了撑腰糕以后，才能在阴雨连绵的黄梅季节中胜任割麦、莳秧、挑担等各种农活，腰杆不酸不痛，因而称为"撑腰糕"。

万三糕

周庄邹氏在明初开设公茂茶食作坊，生产各种糕点，其中最为有名的是万三糕。

万三糕已有数百年历史，全用上等长粒糯米，经烘炒粉碎后，按祖传配方加料。成型后，蒸糕、烘糕讲究火候，人工刀切，从投料到成品包装先后有八道工序。

周庄一景

当年，每逢年节，沈万三常订购大批这种糕点，作为赠送和招待亲朋好友之用，因而人称"万三糕"。

现在，邹氏后人继承祖业，继续生产各式糕点。因用料讲究、品种众多、入口即化，深受消费者青睐，邹氏茶食作坊名声大振。

改革开放后，周庄大力发展旅游业，万三糕成了传统的旅游食品，人见人爱，最宜老人和儿童食用。

十月白

周庄素有高超的酿酒工艺，所酿白酒"十月白"最负盛名。

清代，周庄曾有 14 家酿酒作坊，生产黄酒和白酒，其中尤以白酒最佳。

据《贞丰拟乘》记载："有生酒，名十月白，味清冽，可以久藏。"

周庄乡村也有酿酒风俗，每当秋天稻米收割时，总要用土法酿上几斗酒。

2002 年，周庄旅游公司开始组建周庄十二坊，把十多种即将失传的民间手艺集中在一条街上。白酒的制作方法是先用新糯米蒸成饭，调入酒药，置于缸中。等它成为酒酿后，滗去酒糟，再加河水贮于甏中，然后将瓮置于墙壁旁。一个多月后，色清味美的白酒便酿成了，人称"靠壁清"。这种白酒以农历十月所酿制的为珍品，因而人称"十月白"。

周庄十二坊之一源丰顺酒作坊生产的"十月白"大部分销往周庄大大小小的饭店、酒楼和宾馆。由于产品质量好，酒坊生意蒸蒸日上。

周庄人喜欢喝茶

阿婆茶

周庄民风淳朴，清澈的流水哺育出独特的水乡茶文化。

周庄人吃茶历史悠久，有吃"阿婆茶"的习俗。

周庄的"阿婆茶"在江南水乡颇有名气，人们常说未吃阿婆茶，不算真正到过周庄。吃了阿婆茶，才能品出水乡古镇的味道来。

在周庄，常见男女老少围坐一席，喝清茶，吃茶点，边吃边谈，有说有笑，其乐无穷。这种习俗自古相传至今，称为吃"阿婆茶"。

周庄人吃阿婆茶源远流长，有的人家仍然珍藏着宋代高雅古朴的茶壶、图案优美的青花瓷茶碗、细巧玲珑的茶盅和釉色光亮的茶盘。目前，镇上明清建造的徽帮茶叶栈房犹存，其中吴庆丰开设于清初，程义泰开设

周庄人喜欢喝阿婆茶

于清高宗乾隆年间。徽帮茶庄从产地购进毛茶，根据茶客的需求进行筛选，然后复焙和窨花，色香味俱全。

在周庄，有的老人保持着一种古老的喝茶方式，称为"炖茶"。喝炖茶的方法是在院中放一只大水缸，用以接雨水。吃茶时，将雨水舀进陶罐中，放在风炉上用树枝煮开。在密封的盖碗或紫砂茶壶中放好茶叶，先用少量沸水点入茶中，然后将盖子盖严，片刻后再冲进多量开水。这样沏好的茶清香浓郁，甘洌爽口。

人们坐在一起喝"阿婆茶"，可以交流思想，传递信息，增进友谊，有利于创建和谐社会。